Don Juan

DON JUAN

OPÉRA

Représenté pour la première fois, à Paris, sur le théâtre de l'OPÉRA,
le 10 mars 1834
et repris sur le même théâtre, le 2 avril 1866.

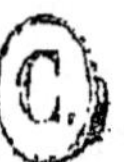

IMPRIMERIE L. TOINON ET Ce, A SAINT-GERMAIN.

DON JUAN

OPÉRA EN CINQ ACTES

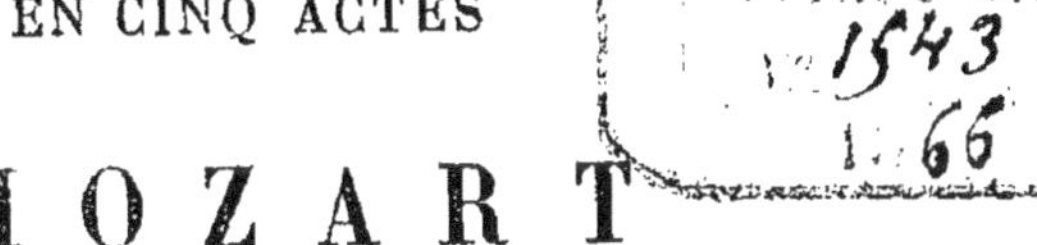

DE MOZART

TRADUCTION FRANÇAISE

DE MM. ÉMILE DESCHAMPS et HENRI BLAZE

NOUVELLE ÉDITION

PARIS

MICHEL LÉVY FRÈRES, LIBRAIRES ÉDITEURS

RUE VIVIENNE, 2 BIS, ET BOULEVARD DES ITALIENS, 15

A LA LIBRAIRIE NOUVELLE

1867

Distribution de la pièce

DON JUAN	MM. FAURE.
LE COMMANDEUR.	DAVID.
DON OTTAVIO	NAUDIN.
LEPORELLO	OBIN.
MASETTO	CARON.
DONA ELVIRE.	Mmes GUEYMARD.
DONA ANNA.	SAXE.
ZERLINE.	BATTU.

DAMES ET CAVALIERS ESPAGNOLS, PAGES, PEUPLE, VILLAGEOIS, MOINES, ALGUAZILS, SERVITEURS, JEUNES FILLES et ENFANTS attachés au palais de don Juan.

La scène se passe à Burgos.

DON JUAN

ACTE PREMIER

Une place de Burgos, architecture gothique. — A gauche, le palais du commandeur, avec un perron en marbre. Au second étage, une fenêtre entr'ouverte, avec un rideau rouge flottant, éclairé par une lumière intérieure. A droite, une église. Au fond, une rue. — Il fait nuit. Au lever du rideau, Leporello se promène, et revient toujours au palais du commandeur.

SCÈNE PREMIÈRE

INTRODUCTION

LEPORELLO, seul.

Nuit et jour aller, venir;
Vent et grêle, tout souffrir;
Manger mal et mal dormir;
Ce vilain métier m'assomme.
Je veux vivre en gentilhomme;
Non, je ne veux plus servir.
Mon maître est avec sa belle,

Montrant la fenêtre au rideau rouge.

Et moi je fais sentinelle...
Ah! c'est à n'y pas tenir,
Non, je ne veux plus servir.
Mais vers moi quelqu'un s'avance,
Cachons-nous avec prudence;
Par les galants ou les maris
Il ne faut pas être surpris.

SCÈNE II

DON JUAN, DONA ANNA, LEPORELLO dans le fond.

ANNA, en désordre, poursuivant don Juan qui sort du palais.

Lâche, prends aussi ma vie,
Ou je m'enchaîne à tes pas.

DON JUAN, se cachant sous un masque et dans un large manteau.

Crie ou pleure, c'est folie;
Tu ne me connaîtras pas.

LEPORELLO.

Ah! bon Dieu, comme elle crie!
Encor nouveaux embarras.

ENSEMBLE.

ANNA.

Au secours! à moi, mon père!

DON JUAN.

Silence! ou crains ma colère.

ANNA.

Misérable!

DON JUAN

Téméraire!
Tu ne me connaîtras pas.

ANNA.

Misérable!

DON JUAN.

Téméraire!

ANNA.

A moi, serviteurs, à moi!
Comme une ombre courroucée,
Je veux m'attacher à toi.

DON JUAN.

Ah! malheur! cette insensée
Va me perdre, sur ma foi.

LEPORELLO.

La bataille est commencée,
Saints du ciel, priez pour moi.

Le commandeur paraît. Anna va chercher du secours à son père.

SCÈNE III

DON JUAN, LEPORELLO, LE COMMANDEUR.

LE COMMANDEUR, *sur l'escalier de son palais, l'épée à la main.*

Ma fille! scélérat! en garde!

DON JUAN.

Moi te combattre! je n'ai garde.

LE COMMANDEUR, *en bas du perron.*

J'arrive ici pour te punir.

DON JUAN.

Va, j'ai pitié de ta démence.

LE COMMANDEUR

Plus un mot et vite en défense!

LEPORELLO.

Je n'ai, je crois, qu'à déguerpir.

LE COMMANDEUR.

J'attends, lâche; en veux-tu finir!

DON JUAN.

A ton défi tu joins l'offense:
Faible ennemi, tu vas mourir!...

Ils se battent.

ENSEMBLE

LE COMMANDEUR, *blessé à mort.*

Au secours! bonté divine!
Ah! le traître m'assassine!
C'en est fait, de ma poitrine
Je sens mon âme partir.

Il tombe.

DON JUAN.

Sous la mort qui le domine
Le vieillard plie et s'incline;
Et je vois de sa poitrine
La vie et le sang jaillir.

LEPORELLO.

Encore un qu'il assassine!
L'effroi presse ma poitrine;
Je suis sous la main divine,
N'osant parler ni m'enfuir.

RÉCITATIF.

DON JUAN.

Leporello! Le drôle, où donc est-il?

LEPORELLO.

Ici,
Ici, pour mon malheur, et vous!

DON JUAN.

Moi, me voici.

LEPORELLO.

Et quel est le mort? vous ou le vieux?

DON JUAN.

Lui, j'espère.

LEPORELLO.

Le commandeur! bravo! Deux beaux exploits. Ainsi
Vous enleviez la fille et vous tuez le père.
Fort bien!

DON JUAN.

Il l'a voulu, c'est sa faute.

LEPORELLO.

Soit! mais
La senora que voulait-elle?

DON JUAN, rêveur.

Paix.
Que puis-je, moi? si tout est hasard et mystère.
Il m'eût fallu la voir ou plus tôt ou jamais,
Cette pauvre Anna!... Viens; surtout songe à te taire.
Si tu ne veux toi-même...

LEPORELLO.

Oh! moi, rien, je me tais.

Ils sortent.

SCÈNE IV

ANNA, DON OTTAVIO.

Anna rentre par la droite; peuple, gens sortant des maisons voisines; serviteurs avec des flambeaux.

ANNA.

Mon père! Ah! venez tous à son aide; courage,
Don Ottavio!

DON OTTAVIO.

Mon bras va punir cet outrage.
Mais où donc est le lâche ?

ANNA.

Ici, viens. — Dieu puissant !
Mon père! mon bon père !... Oh! répondez... Du sang !

DON OTTAVIO.

Seigneur !

ANNA.

Parlez, parlez !... Cette blessure ouverte,
Cette face immobile et de pâleur couverte !
Mon père ! et plus de cœur qui batte dans son sein !
Froid ! froid ! mort !... et ne pas connaître l'assassin !
Mon père bien-aimé ! — Je meurs... attends !

Elle tombe sur le corps de son père.

DON OTTAVIO.

Alerte !
Amis, secourez mes amours !
Sauvons les restes de sa vie.
Anna ! me serais-tu ravie?

ANNA, tout égarée.

Où suis-je?

DON OTTAVIO.

Elle renaît. Ah ! veillons sur ses jours !
Amis ! qu'on emporte loin d'elle
Ce déplorable objet de sa douleur mortelle.
Don' Anna ! chère amante ! oh ! viens là pour toujours !

DUO.

ANNA, prenant Ottavio pour le meurtrier.

Fuis, lâche, et que je meure !
De sa sombre demeure,
Mon père tout à l'heure
Me criait : viens à moi!

DON OTTAVIO.

Cruelle que j'adore,
Donne un regard encore
A l'amant qui t'implore
Et ne vit que pour toi.

ANNA.

Ah ! c'est toi !... je m'égare,
Non, la mort nous sépare ;
Mon père (ô sort barbare !)
Plus jamais avec nous !

DON OTTAVIO.

Oh! renais à ma flamme!
Sois ma fille et ma femme.
Oui, je serai, chère âme,
Ton père et ton époux.

ANNA.

Eh bien! jure à sa cendre
De le venger un jour.

DON OTTAVIO.

Oui, puisse-t-il m'entendre!
J'en jure notre amour.

ENSEMBLE.

Serment cher et funeste,
Seul espoir qui nous reste,
Deviens l'arrêt céleste
Qui doit punir un jour!

Ils sortent.

SCÈNE V

Une campagne. — La petite maison de don Juan au fond, à droite. — Grand jour.

DON JUAN, LEPORELLO.

RÉCITATIF.

DON JUAN.

Voyons, qu'est-ce?

LEPORELLO.

Excellence, une importante affaire...

DON JUAN.

Oh! sans doute. Au fait...

LEPORELLO.

Mais jurez-moi, monseigneur,
Si vous voulez me battre après, de n'en rien faire.

DON JUAN.

Je te le jure sur l'honneur.

LEPORELLO.

Hum!

DON JUAN, *préoccupé.*

Pourvu qu'il ne soit pas dit une parole
Du commandeur. — Va donc, l'amour fuit, le temps vole;

Et d'ailleurs, n'est-il pas bien mort?

LEPORELLO.

Bien mort; et s'il osait se plaindre, il aurait tort.
Mais...

DON JUAN.

Mais, par une nuit si noire,
Sa fille n'a pas vu qui j'étais, tu le sais;
Ainsi... pourquoi toujours parler de cette histoire?
Maraud!

LEPORELLO.

Vraiment, c'est vous.

DON JUAN.

Assez.
Eh bien! qu'avais-tu donc à me dire?

LEPORELLO.

Ah!... personne
N'écoute?

DON JUAN.

Non.

LEPORELLO.

Je puis parler en liberté?

DON JUAN.

Oui. Fais vite, je te l'ordonne.

LEPORELLO, avec mystère.

Hier au soir, j'ai consulté
Deux hommes, voyez-vous, de science profonde :
L'un docteur, l'autre moine à Burgos, s'il vous plaît.
Tous deux m'ont dit qu'à moins d'un changement complet
Nous serions, vous et moi, brûlés vifs dans ce monde...
Et dans l'autre.

DON JUAN.

Après?

LEPORELLO.

C'est déjà
Bien suffisant comme cela.
— Bref, je venais... pardon... vous demander mon compte,
Afin que vous soyez brûlé tout seul. — Voilà.

DON JUAN.

Poltron! Tu m'appartiens... N'as-tu donc pas de honte?
Si tu me quittes, sot, je t'enverrai là-bas,
Servir le commandeur.

LEPORELLO.

Je ne vous quitte pas.
Mais pour les péchés de votre âme,
Ah! revenez à votre femme,
Don' Elvire qui va toujours nous poursuivant,
Pleurant...

DON JUAN.

Je l'ai prise au couvent:
Qu'elle y retourne.

LEPORELLO.

Mais elle est charmante, Elvire.

DON JUAN.

Mais elle est ma femme!

LEPORELLO.

Ah! monseigneur!...

DON JUAN.

Qu'est-ce à dire?
Ma vie est donc...

LEPORELLO.

Très-bonne au fond... Mais, quelquefois...
Par exemple, vous voir marier tous les mois...

DON JUAN.

Ah! c'est le charme! Avec ma figure et mon âge,
Dois-je m'ensevelir au tombeau d'un ménage,
Comme un homme de rien?
Une femme, c'est trop; toutes, à la bonne heure!
Cela tourmente moins. — Puis, c'est le vrai moyen
De trouver enfin la meilleure.

LEPORELLO.

Ou le diable.

DON JUAN.

A propos, sais-tu pourquoi je viens?

LEPORELLO.

Quelque nouvel amour pour notre liste...

DON JUAN.

Bien!
Très-bien! — J'aime une dame, un ange de Castille,
Qui vers la nuit tombante, en croisant sa mantille,
Va de ma petite maison
Franchir le seuil brûlant où l'on perd la raison.
Chut! je sens venir une femme.

Elvire paraît au fond du théâtre avec des valets.

LEPORELLO.

Quel nez!

DON JUAN.

Pas mal, vraiment.

LEPORELLO.

Quels yeux!

DON JUAN.

Guettons la dame,

Viens!

LEPORELLO.

Il prend feu comme un tison.

Ils se retirent dans le fond.

SCÈNE VI

ELVIRE, DON JUAN, LEPORELLO.

TRIO.

ELVIRE.

Où donc est le parjure
Qui m'a manqué de foi?
Où donc est ce parjure?
Mon Dieu! dites-le moi.
Ah! pour punir l'injure
Qu'il fait à mon honneur,
De ma main, je le jure,
J'arracherais son cœur.
Où donc, etc.

DON JUAN, *à part.*

C'est une belle en pleurs, ah! consolons sa peine!

LEPORELLO.

Il en consolerait au moins une centaine!

RÉCITATIF.

DON JUAN, *s'approchant.*

Senora...

ELVIRE.

Qu'est-ce?

DON JUAN.

O ciel!

LEPORELLO.

C'est à mourir de peur!
Don' Elvire!...

ELVIRE.

C'est toi, monstre, infâme, trompeur,
Perfide!

LEPORELLO.

Tous les noms enfin dont il se nomme.

DON JUAN.

Chère Elvire, écoutez ; les cieux me sont témoins...
Si vous ne voulez pas me croire, ayez du moins
Confiance en cet honnête homme ;
Il vous expliquera...

LEPORELLO

Quoi ?

DON JUAN.

Dis tout, oui, tout... comme
Tu le sais.

Il se sauve.

LEPORELLO, embarrassé.

Tout ?

ELVIRE.

Veux-tu?...

LEPORELLO.

Madame, à dire vrai...
Dans ce bas monde, enfin... quand je vous prouverai...
Vu que parfois... c'est clair... les femmes...

ELVIRE.

Misérable!
Plus un seul mot... Et vous?... parti, parti!

LEPORELLO.

Mon Dieu!
Supposez qu'il est mort; cet homme est incurable.

ELVIRE.

Ah! des nœuds les plus saints comme il se fait un jeu!

LEPORELLO, tirant son livre de dessous son manteau.

Ce gros livre est rempli des noms de ses maîtresses.
Vous voyez l'abrégé de ses amours traîtresses.
Pour vous guérir vous-même, allons, lisez un peu.

AIR.

Madame, des beautés qu'il aime
Je tiens l'inventaire moi-même ;

Noms de famille et de baptême,
La liste est complète, je crois.
En Allemagne, cent quarante;
L'Italie en a deux cent trente;
En France, quatre cent cinquante,
Et chez les Turcs, rien que soixante...
Mais en Espagne, oh! mille et trois!
Vous y trouvez des comtesses,
Des bourgeoises, des altesses,
Des grisettes, des duchesses,
Jusques à des chanoinesses!...
Des femmes de mille espèces,
De tout âge et de tout rang.
Mon maître est tout à chacune;
Dans la blonde il voit la lune,
La comète dans la brune;
C'est un culte qu'il leur rend.
En décembre il la veut grasse;
En juin, à la maigre il passe;
La petite a plus de grâce;
La grande en éclat l'efface.
Voyez! rien ne le surprend:
Chez les vieilles il se glisse,
Pour que son livre grossisse;
Mais son bijou, son caprice,
Oh! c'est un cœur de novice.
Puisqu'il faut vous parler franc,
Enfin, veuve, femme ou fille,
Riche ou non, laide ou gentille,
Pourvu qu'on porte mantille,
Vous savez comme il s'y prend.

Elvire sort vers la fin de cet air.

SCÈNE VII

ZERLINE, MASETTO, VILLAGEOIS, LEPORELLO, dans le fond.

DUO ET CHOEUR.

ZERLINE.

Jeunes filles, encore au matin du bel âge,
Le temps fuit, sachez le saisir.
Si l'hymen est jaloux, si l'amour est volage,
Le secret, c'est de bien choisir.
Quel plaisir! quel plaisir!

CHOEUR DE VILLAGEOISES.

Quel plaisir! quel plaisir!
Le secret, c'est de bien choisir.

MASETTO.

Jeunes gens de Castille, à la tête légère,
Qui voltigez de fleur en fleur,
Pour fixer de l'amour la saison passagère,
Comme nous, fixez votre cœur.
Quel bonheur! quel bonheur!

CHOEUR DE VILLAGEOIS.

Quel bonheur! quel bonheur!
Dans l'hymen fixons notre cœur.

ZERLINE et MASETTO.

Viens, Zerline, / Masett', ensemble ouvrons la danse,
Et vous tous, avec nous en cadence :
Quel bonheur! quel plaisir, etc.

CHOEUR GÉNÉRAL.

Quel bonheur! quel plaisir, etc.

SCÈNE VIII

LES MÊMES, DON JUAN, LEPORELLO.

RÉCITATIF.

DON JUAN.

Elle est partie, enfin! Que Dieu l'ait sous sa garde!
Oh! la belle jeunesse! Approche donc, regarde:
Quels anges féminins!

LEPORELLO.

Dans le nombre, ma foi,
J'espère ici trouver quelque chose pour moi.

DON JUAN.

Bonjour, mes braves gens, jouez, dansez et faites
Comme si je n'étais point là.
Je ne suis pas un trouble-fêtes...

A Zerline.

C'est une noce que voilà?

ZERLINE.

Oui, monseigneur, et moi je suis la fiancée.

DON JUAN.

Tant mieux! Et le futur?

MASETTO.

C'est moi, pour vous servir.

DON JUAN.

De mieux en mieux, c'est à ravir.
Pour me servir, il parle en personne sensée.

LEPORELLO.

Comme un mari complet.

ZERLINE.

Il a le cœur si bon,
Mon petit mari!

DON JUAN.

Moi de même,
Je vous jure. — Je veux que tout le monde m'aime.
Soyons de vieux amis. — Comment vous nomme-t-on?

ZERLINE.

Zerline.

DON JUAN.

Ah! c'est un joli nom.
Et toi?

MASETTO.

Masetto.

DON JUAN.

Bien. — Ça, ma chère Zerline,
Cher Masetto, comptez sur ma protection.
Que fais-tu là, maraud?

LEPORELLO, *courtisant deux paysannes.*

Monseigneur, j'examine.
J'offre aussi ma protection.

DON JUAN.

Allons, sors vite avec eux. Accompagne
Ces braves gens jusque dans mon palais;
Fais-leur donner les meilleurs vins d'Espagne,
Sorbets, liqueurs, que sais-je? amuse-les.
N'épargne rien; chez moi, que chacun d'eux commande.
Mais surtout je te recommande
Notre cher Masetto.

LEPORELLO.

J'entends.

Aux paysans.

Allons!

MASETTO.

Monseigneur !

DON JUAN.

Qu'est-ce ?

MASETTO.

Eh mais, le tour est drôle,
Zerline ne peut pas rester sans moi, pourtant.

LEPORELLO.

Son Excellence est là, qui va remplir ton rôle
A merveille.

DON JUAN.

Eh ! mon Dieu, sois tranquille et content,
Zerline reste auprès d'un chevalier. — Va-t'en ;
Nous allons bientôt te rejoindre.

ZERLINE.

Tu ne dois pas avoir de crainte, pas la moindre ;
Je reste auprès d'un chevalier.

MASETTO.

Eh bien ! qu'est-ce que ça prouve ?

LEPORELLO.

C'est singulier !

A Masetto.

Il n'entend pas. — Puisqu'elle reste
Auprès d'un chevalier...

MASETTO.

La peste !
Avec vos chevaliers...

DON JUAN.

Silence, Masetto !
Je n'aime pas qu'on me réplique.
Si tu tardes encore à le suivre au château,
Tu t'en repentiras. — Je crois que je m'explique !

Leporello entraîne Masetto, toute la noce les suit.

CHOEUR, en sortant.

Quel plaisir ! quel bonheur ! etc.

SCÈNE IX

DON JUAN, ZERLINE.

DON JUAN.

Nous voilà donc débarrassés
De ce grand nigaud !

ZERLINE.

Ah ! pensez
Qu'il est mon mari.

DON JUAN.

Pas encore,
Zerline de mon cœur. Lui, ton mari ! crois-tu
Qu'un homme tel que moi, que don Juan qui t'adore,
Puisse souffrir que tant de grâce et de vertu
Tombe aux grossières mains d'un rustre ridicule !

ZERLINE.

Mais, monseigneur, il a ma parole.

DON JUAN.

Elle est nulle.
Non, vous ne serez pas femme d'un paysan ;
Non, non, je ne veux pas que le soleil vous brûle.
Eh ! que dirait le roi, s'il savait que don Juan
Vous a vue et permet qu'un manant vous épouse !
Qu'en d'ignobles travaux vous noircissiez vos mains,
Vos mains blanches à rendre une infante jalouse !
Et que vous déchiriez aux cailloux des chemins
Vos pieds, vos petits pieds de comtesse andalouse !
Non, à ces mains des gants, à ce cou des colliers ;
Pour ces pieds des tapis ou la molle pelouse
De mes grands bois de citronniers ;
Et sur ce front charmant, des gazes diaphanes,
Qui, vous entourant de leurs plis,
Défendront la rose et les lis
Des insectes du soir et des regards profanes.
Qu'en dis-tu, mon amour ? Laisse-tu volontiers
Pour nos palais brillants l'ennui de leurs cabanes,
Et tes lourds paysans pour mes beaux cavaliers ?

ZERLINE.

Ah ! je ne voudrais pas...

DON JUAN.

Quoi donc ?

ZERLINE.

Être trompée.
Les seigneurs sont bien faux sous leurs airs obligeants.

DON JUAN.

Par saint Jacque et par mon épée,
Mensonge de petites gens !
La noblesse du cœur suit la noble naissance.
Ne perdons point de temps, car mon vœu le plus doux
Est de vous épouser aujourd'hui même.

ZERLINE.

Vous!

Monseigneur?

DON JUAN.

Oui, moi.

ZERLINE.

Vous!

DON JUAN.

Point de reconnaissance.
Ma petite maison nous attend, viens la voir;
Viens, et mon chapelain nous mariera ce soir.

DUO.

Là, devant Dieu, ma belle,
Viens me donner ta foi;
Viens, ne sois plus rebelle,
Je jure d'être à toi.

ZERLINE.

Je voudrais, et je n'ose;
J'espère, et puis j'ai peur.
C'est le ciel qu'il propose...
Mais s'il est un trompeur!

DON JUAN.

Viens, mon amour, ma femme!

ZERLINE.

Masetto me fend l'âme.
Quel trouble! Ah! résistons.

DON JUAN.

Vois quel sort je te donne.

ZERLINE.

La force m'abandonne.

DON JUAN.

Viens, viens, c'est là.. Partons.

ENSEMBLE.

DON JUAN.

Allons, allons, ma belle,
Jurer dans la chapelle
Un innocent amour.

ZERLINE.

Allons, sa voix m'appelle.
Allons dans la chapelle!
Ah! pour moi, quel beau jour!

SCÈNE X

DON JUAN, ZERLINE, ELVIRE.

RÉCITATIF.

ELVIRE.

Arrête! j'ai connu ton infernale ruse.
J'arrive à temps, maudit, pour sauver cette enfant.

ZERLINE.

Qu'entends-je?

DON JUAN.

Ne voyez-vous pas que je m'amuse,
Ma tendre amie?

ELVIRE.

Oui, fais le gai, le triomphant,
Plaisante! Je sais trop quels sont tes jeux, barbare!

ZERLINE.

Monsieur le chevalier, dit-elle vrai?

DON JUAN.

Non, non,
La pauvrette m'adore, et son amour l'égare;
Et moi je fais semblant d'aimer... je suis si bon!

Elvire fait sortir Zerline. — Don Juan sort du côté opposé.

SCÈNE XI

ELVIRE, seule, presque en larmes.

C'en est donc fait, hélas! dans quel affreux abîme
Le malheureux va se précipiter!
Un funeste penchant l'entraîne vers le crime;
Rien ne saurait plus l'arrêter.
Tant de forfaits du ciel irritent la colère,
Le jour du châtiment est peut-être arrivé.
Que devenir? ô ciel! que faire?
Perdu, je le pleurais... Devais-je, en ma misère,
Pleurer bien plus encor de l'avoir retrouvé!

AIR.

Au mépris de l'hyménée,
Il m'a retiré son cœur;
Malheureuse, abandonnée...
Ah! Dieu seul verra ma douleur!
Mais, hélas! trop faible encore,
Je plains sa funeste erreur,

Et dans mon âme j'implore
Pitié, pitié pour le pécheur.

Au mépris de l'hyménée, etc., etc.

Quand je songe à ma souffrance,
Aux menaces j'ai recours;
Mais je tremble, quand je pense
Que le ciel a marqué ses jours.

Au mépris de l'hyménée, etc., etc.

Elvire sort.

SCÈNE XII

La place de Burgos, comme à la première scène. Le palais du commandeur est tendu en signe de deuil : l'écusson de la famille est sur la porte. Anna est en noir avec un long voile. Elle sort du palais avec don Ottavio.

DON OTTAVIO, ANNA, ensuite DON JUAN.

DON OTTAVIO, à Anna.

Oui, qu'un rayon d'espoir dans vos regards se montre!
Nous connaîtrons le meurtrier.
Anna, tout me l'affirme, et je veux le premier...

Allant au-devant de don Juan.

Ah! don Juan!

DON JUAN, à part.

Fâcheuse rencontre!

ANNA.

Vous venez à propos, seigneur.
On vante partout votre honneur...

DON JUAN.

Madame, que voulez-vous dire?

A part.

Diable! saurait-elle à moitié?...

ANNA.

Nous comptons sur votre amitié
Pour nous aider...

DON JUAN, à part.

Ah! je respire!

Haut.

Je suis à vos ordres, parlez.
Mes amis, mes parents, ma fortune, ma vie,
Tout est à vous... Mais vous semblez
Hélas! de vos chagrins sans cesse poursuivie...
Vous, si belle! quel est le monstre, dites-moi...

Anna rougit et se trouble comme une femme qui ne peut se soustraire au charme et à l'ascendant de don Juan.

SCÈNE XIII

LES MÊMES, ELVIRE, entrant précipitamment.

ELVIRE.

Traître! il n'est sous le ciel d'autre monstre que toi!

QUATUOR.

Que le ciel vous préserve
De recevoir sa foi!
Le traître vous réserve
Le même sort qu'à moi.

DON OTTAVIO, ANNA.

O ciel! quels nobles charmes!
Et que de majesté!
A voir couler ses larmes,
Mon cœur est attristé.

DON JUAN.

La pauvre fille est folle,
Croyez-en ma parole,
Pour que je la console,
Laissez-nous seuls tous deux.

ELVIRE.

Menteur, je te défie...

DON JUAN.

Hélas! c'est sa folie!

ELVIRE.

Restez, je vous supplie!

DON OTTAVIO, ANNA.

A qui croire des deux?

ENSEMBLE.

DON JUAN, DON OTTAVIO et ANNA.

Ah! vraiment, je ne puis m'en défendre;
Oui, j'éprouve à la voir, à l'entendre,
L'intérêt le plus vif, le plus tendre.
Juste ciel! est-il sort plus affreux?

ELVIRE.

Ah! vraiment, je ne puis m'en défendre;
Oui, j'éprouve à le voir, à l'entendre,
Un dépit que nul mot ne peut rendre.
Juste ciel! est-il sort plus affreux?

DON OTTAVIO.

A la croire elle dispose,
Par son air et ses discours.

ANNA.

En nous son espoir repose;
Par pitié, restons toujours.

DON JUAN.

Si je pars, je vais peut-être
Éveiller tous les soupçons.

ELVIRE.

Le cruel s'est fait connaître
Par ses noires trahisons.

DON OTTAVIO.

Elle est donc?

DON JUAN.

Un peu folle.

ANNA.

Et lui ?...

ELVIRE.

Sur ma parole,
C'est un traître !

DON JUAN.

Elle est folle !

DON OTTAVIO, ANNA.

Enfin, nous le connaissons.

DON JUAN, à Elvire.

Vite, vite ! paix ! silence !
C'est du monde qui s'avance ;
Mettez un peu de prudence;
On va se moquer de vous.

ELVIRE.

Ne m'impose pas silence,
Je veux perdre la prudence.
Oui, ton crime et mon offense
Paraîtront aux yeux de tous.

DON OTTAVIO, ANNA.

Ces accents, cette assurance,
Sa rougeur, son imprudence,
Nous révèlent son offense;
Tout devient trop clair pour nous.

Don Juan entraîne doucement Elvire qui sort furieuse.

RÉCITATIF.

DON JUAN, revenant sur ses pas.

Qu'elle est à plaindre ! il faut la suivre,
Pour prévenir d'autres malheurs.

Charmante Anna, pardon, commandez : vos douleurs
Sont les miennes... à vous tout entier je me livre.

Il sort avec une grâce affectée. Anna, pendant les dernières paroles de don Juan, a paru rassembler ses souvenirs avec une agitation douloureuse.

SCÈNE XIV

DON OTTAVIO, ANNA.

ANNA, hors d'elle-même.

Don Ottavio !

DON OTTAVIO.

Ciel ! qu'avez-vous?

ANNA.

Don Ottavio, je meurs. Secourez-moi de grâce...
L'assassin de mon père était là, devant nous;
C'est lui !

DON OTTAVIO.

Qu'entends-je !

ANNA.

Lui, vous dis-je, à cette place !
L'assassin de mon père !

DON OTTAVIO.

Est-il possible ! ô ciel !

ANNA.

Oui, ses derniers accents ont éclairé mon âme ;
Sa voix m'a rappelé la voix de cet infâme,
Qui la nuit... dans ma chambre...

DON OTTAVIO.

Ah ! parlez, ce cruel..

ANNA.

L'heure était avancée, et la nuit morne et sombre,
Quand je vis dans ma chambre, où j'étais seule alors,
Un homme tout à coup se glisser comme une ombre ;
Un long manteau cachait son visage et son corps.
Muette, j'attendais...

DON OTTAVIO.

Poursuivez, je vous prie.

ANNA.

Il s'approche en silence, et cherche à m'embrasser ;
Je le repousse, il me presse, je crie...
On ne vient pas ! — L'amour en lui devient furie.
Une main sur ma bouche, il ose m'enlacer
De l'autre... tellement que je me croyais morte.

DON OTTAVIO.

Enfin...

ANNA.

Enfin, le désespoir, l'horreur,
Me rendent à moi-même, et je me sens si forte,
Que, luttant des deux bras, j'échappe à sa fureur.

DON OTTAVIO.

Ah! je respire.

ANNA.

Alors le délire m'emporte.
Je redouble mes cris, j'appelle à mon secours.
Don Juan sort... je le suis, en appelant toujours.
Celle qu'il attaquait, l'attaque, l'épouvante...
Mon père accourt ! c'était la justice vivante !
Il veut... pauvre vieillard !... Le lâche, sans remord,
Met le comble à son crime en lui donnant la mort.

AIR.

Tu sais quel infâme,
D'une indigne flamme
Flétrit mon honneur ;
Quel monstre en fureur,
Frappa de ses armes
Mon père en alarmes...
Vengeance à mes larmes !
Et sois le vengeur !

Revois mon vieux père
A nos pieds gisant,
Vois son noble sang
Qui rougit la terre,
Et que ma douleur...

Et que ma colère
Passent dans ton cœur !

Tu sais quel infâme, etc., etc.

Oui, près de ton glaive,
Déjà je relève
Un front sans rougeur.
Mon père, oh ! mon père !
Ombre sainte, espère...
Voilà ton vengeur !

Ils sortent

ACTE DEUXIÈME

Une campagne. — La petite maison de don Juan, au fond, à droite, comme à la cinquième scène du premier acte. — Grand jour.

SCÈNE PREMIÈRE

DON JUAN, LEPORELLO.

RÉCITATIF.

DON JUAN.

Mon cher Leporello, tout va bien?

LEPORELLO.

Tout va mal.

DON JUAN.

Mal, et comment?

LEPORELLO.

Je mène au château tout ce monde,
D'après...

DON JUAN.

Bravo!

LEPORELLO.

Je les amuse, en général,
Par des mensonges, là...

DON JUAN.

Bravo!

LEPORELLO.

Comme à la ronde
Vous en débitez par millier.

DON JUAN.

Bravo!

LEPORELLO.

Puis, en particulier,
Au pauvre Masetto je raconte une histoire
Si longue, qu'il oublie enfin d'être jaloux.

DON JUAN.

Bravo ! ma foi.

LEPORELLO.

Je les fais boire,
Les hommes et les femmes, tous.
Les uns chantent comme des fous,
Les autres se donnent des coups
Pour s'amuser. — Mais savez-vous
Qui nous arrive au beau moment ?

DON JUAN.

Zerline.

LEPORELLO.

Bravo ! puis avec elle ?

DON JUAN.

Elvire, j'imagine

LEPORELLO.

Bravo ! qui nous a dit de son auguste époux...

DON JUAN.

Tout le mal qu'elle en sait.

LEPORELLO.

Bravo ! brav...

DON JUAN.

Et toi, drôle ?

LEPORELLO.

Excellence, je n'ai pas dit une parole :
Je l'ai fait sortir du jardin,
J'en ai fermé la porte, et suis rentré soudain.

DON JUAN.

Bravo ! bravissimo ! la chose
Ne peut pas être en meilleur train.
Tu verras ce que je dispose,
Un luxe, un bal de souverain.
Nous aurons, avant la nuit close,
Tout le carnaval au château,
Pour la noce de Masetto.

AIR.

Va, qu'une fête
Vite s'apprête,
Puisque leur tête
Faiblit déjà.
Si, sur la place,
Fillette passe,
Fais bonne chasse,
Amène-là.
Liberté grande,
Et qu'on demande,
Walse allemande,
La sarabande,
La guaraxa.
Endors les mères,
Grise les pères,
Grise les frères,
Remplis les verres
Tant qu'on voudra.
Ou blonde ou brune,
Ce soir, plus d'une
Au clair de lune
M'écoutera.
Ainsi, sans peine,
D'une douzaine,
Ta liste pleine
S'augmentera.

Ils sortent.

SCÈNE II

Une belle promenade ombragée autour du parc et du château de don Juan. A gauche, un bois ; à droite, vers le fond, un pavillon d'architecture mauresque attenant au château, ayant au premier étage un balcon doré.

ZERLINE, MASETTO.

RÉCITATIF.

ZERLINE.

Masetto, Masetto !

MASETTO.

Couleuvre,
Ne me touche pas.

ZERLINE.

Mais pourquoi ?

MASETTO.

Vous me le demandez, à moi?
Tigresse!

ZERLINE

Eh! qu'ai-je fait?

MASETTO.

Vraiment, un beau chef-d'œuvre.
Serp... femme! rester seule avec un beau senor!
Me jouer un tour de la sorte,
Le jour de mes noces encor!
Morbleu! quand le dépit m'emporte!...

Il la menace.

ZERLINE.

Ah! je t'aime! j'eus tort, mais peux-tu soupçonner?...
Mon petit mari, vrai, c'était pour badiner.
Tu ne me crois pas? viens, satisfais ta colère,
Bats-moi, fais-moi mourir, si cela peut te plaire
Et si tu ne veux pas, ingrat, me pardonner.

AIR.

Frappe, frappe ta Zerline!
Ah! loin qu'elle se mutine,
La douce brebis s'incline,
Elle s'offre au châtiment.
Arrache ses yeux, maltraite
Son visage; la pauvrette
Baise tes mains tendrement.
Frappe, frappe la pauvrette...
Mais non, non, je savais bien
Va, que tu n'en ferais rien!
Tu n'en as pas le courage...
Ah! c'est trop nous alarmer,
Plus de guerre, plus d'orage...
Ne vivons que pour aimer.

RÉCITATIF.

MASETTO.

Mais voyez donc avec quel art cette diablesse
A su m'ensorceler! mon Dieu, quelle faiblesse!

Ils s'embrassent

DON JUAN, *en dehors.*

Pour une fête,
Que tout s'apprête, etc.

ZERLINE.

Masetto, c'est lui!

MASETTO.

Qui?

ZERLINE.

Monsieur le chevalier.
Ciel! où faut-il que je me cache?

MASETTO.

Qu'as-tu donc? tu rougis, tu crains que je ne sache
Le fin mot. — Reste là; je vais vous épier.

FINALE.

Vite, vite, qu'il y vienne,
Je crois qu'il veut que j'en tienne.
Monseigneur, chacun la sienne;
Je vous guette de mon coin.

ZERLINE.

Gare, gare à nous; écoute:
De ton projet s'il se doute,
Tu verras ce qu'il en coûte,
Pour vouloir être un témoin.

MASETTO.

Va, je saurai bien m'y prendre.

ZERLINE.

Tu ne veux donc pas comprendre?

MASETTO.

Parle haut, je veux entendre.

ZERLINE.

A quoi peut-il donc s'attendre?

MASETTO, à part.

Pour don Juan, sévère ou tendre,
Enfin je vais savoir tout.

ZERLINE, à part.

Plus moyen de m'en défendre,
Il veut me pousser à bout.

Masetto se cache derrière une statue, dans un bosquet.

SCÈNE III

ZERLINE, DON JUAN, SEIGNEURS, MASQUES, PAYSANS, MASETTO, caché.

DON JUAN, avec LE CHOEUR.

Mes amis, jour d'allégresse!
Courage, ô belle jeunesse!
Que l'amour ici renaisse!
L'amour et les chants divins!

DON JUAN, à ses valets.

Menez vite tout ce monde
Dans ma splendide rotonde :
Que là pour eux tout abonde,
Les fleurs, la danse et les vins!

LE CHOEUR, en s'éloignant.

Mes amis, etc.

SCÈNE IV

ZERLINE, DON JUAN, MASETTO, caché.

ZERLINE, traversant la scène pour échapper à don Juan.

Sous l'ombre de ce grand frêne,
J'ai moins peur qu'il me surprenne.

DON JUAN.

Zerlinetta, douce reine,
Ne pense pas m'échapper.

ZERLINE.

Ah! laissez-moi fuir paisible.

DON JUAN.

Non, non, fuir est impossible.

ZERLINE.

Si votre cœur est sensible!...

DON JUAN.

Plein d'un amour invincible!
Viens, mon ange... oh! doute horrible!
Viens... voudrais-je te tromper?

ZERLINE.

Ah! s'il le voit, quelle affaire!
Ciel! prenez pitié de moi.

DON JUAN entraîne Zerline vers le bosquet et aperçoit Masetto.

Masetto !

MASETTO.

Pour vous plaire !

DON JUAN.

Enfermé là! pourquoi?...
Ta charmante Zerline
S'ennuie et se chagrine
Quand elle est loin de toi.

MASETTO.

Oui je le croi,
De bonne foi.

DON JUAN.

Alerte!... dans les salles,
Cors, flûtes et cymbales...
La musique aux cent voix!

ENSEMBLE.

Les flûtes, les cymbales
Résonnent dans les salles;
Allons danser tous trois.

Ils sortent par le pavillon, tandis que trois dominos entrent du côté opposé.

SCÈNE V

ELVIRE, DON OTTAVIO, ANNA, en dominos noirs, sans toques le masque à la main.

ELVIRE.

Courage, amis, courage!
Tous trois il nous outrage,
Hâtons enfin l'orage
Qui doit fondre sur lui.

DON OTTAVIO, à Elvire.

Madame, assez de plainte,
Oui, notre cause est sainte.

A Anna.

Et toi, calme ta crainte,
Suis-je pas ton appui?

ANNA.

Le ciel ici rassemble
Les trois vengeurs ensemble;
Et cependant je tremble
Pour nous tous, aujourd'hui.

SCÈNE VI

LES MÊMES, DON JUAN, LEPORELLO, au balcon.

LEPORELLO, à don Juan.

Seigneur, voyez ces masques,
Beaux, galants et fantasques.

DON JUAN, au balcon.

Au pas joyeux des Basques,
Ils ne feraient pas mal.
Invite-les au bal.

Il rentre.

ELVIRE, DON OTTAVIO, ANNA, à part.

Ciel ! j'ai cru reconnaître...
Oui, c'est la voix du traître.

LEPORELLO.

St... beaux masques, mon maître...

ELVIRE, ANNA, à don Ottavio.

Répondez.

LEPORELLO.

St... mon maître,
Jaloux de vous connaître,
Vous invite à son bal.

DON OTTAVIO.

De se rendre à son bal,
Chacun de nous s'honore.

LEPORELLO, montrant son catalogue.

En voilà deux encore
Pour le livret fatal.

Il rentre

SCÈNE VII

ELVIRE, DON OTTAVIO, ANNA.

TRIO.

DON OTTAVIO, ANNA.

Dieu puissant que j'implore,
Seconde mon courroux !

ELVIRE.

Ah ! s'il m'aimait encore !...
Non, je n'ai plus d'époux.

DON OTTAVIO, ANNA.

Son
Mon père dans sa tombe,
S'émeut à nos apprêts.

ELVIRE et ANNA.

C'est l'heure, enfin qu'il tombe,
Et que je meure après!

Ils sortent par le pavillon.

SCÈNE VIII

Ici le finale est interrompu par la fête et les danses.

Le bal. Vaste salle du château de don Juan, deux orchestres au fond. A droite, une petite porte masquée par un rideau, donnant sur un cabinet secret. — Les chœurs dansants se croisent. Paysans, paysannes, dames et cavaliers, masques et déguisements de toutes sortes, costumes de caractère.

BALLET, DIVERTISSEMENTS.

DON JUAN, LEPORELLO, MASETTO, ZERLINE.

REPRISE DU FINALE.

DON JUAN, faisant cesser les danses.

Trêve, belles jeunes filles.

LEPORELLO.

A boire! venez, bons drilles.

DON JUAN et LEPORELLO.

Puis encore à la valse, aux quadrilles,
Jusqu'au jour à bondir, à tourner!

DON JUAN, circulant avec des laquais chargés de rafraîchissements.

Ça, mon... camarade!

LEPORELLO, circulant aussi.

Cette limonade?
Des sorbets?... à moi rasade.

MASETTO, observant dans un coin.

Moi, je reste en embuscade.

ZERLINE, à part.

Douce, douce vient la sérénade,
Grand tumulte peut la terminer.

DON JUAN.

Que je t'aime, ô charmante Zerline!

ZERLINE.

Trop galant.

MASETTO.

Oui, fais bien la caline!

LEPORELLO, imitant son maître.

Que je t'aime, Isabelle, Rosine!

MASETTO.

Bien, très-bien; ah! comme on m'assassine!

ZERLINE, à part.

ENSEMBLE.

Le Masetto fait mauvaise mine...
Il se peut que tout finisse mal...

DON JUAN, LEPORELLO.

Le Masetto fait mauvaise mine;
De l'adresse pour l'instant fatal!

MASETTO.

La perfide! et quel homme infernal!

SCÈNE IX

LES MÊMES, ELVIRE, DON OTTAVIO, ANNA, en dominos et masques noirs, accompagnés de leurs gens; ils se présentent à la porte du fond et se tiennent un instant immobiles et sévères.

LEPORELLO, aux masques.

Mon maître vous invite,
Beaux masques, entrez vite, etc.

DON JUAN, avec ivresse.

Oui, tous, avec leur suite.
Vive la liberté!

LES TROIS MASQUES.

Grâce, donc, excellence,
De l'hospitalité.

TOUS.

Vive la liberté!

DON JUAN.

Que le bal recommence!
A Leporello.
Toi, de la pétulance!
A Zerline.
Vous savez que je danse
Avec vous, ma beauté.

Ici les danses et les valses reprennent.

LEPORELLO.

Bravo! qu'on en dégoise!

ELVIRE, voyant Zerline.

Ah! c'est la villageoise!

ANNA.

J'expire!...

DON JUAN.

Tout se croise.

LEPORELLO et DON JUAN.

Parfait, en vérité.

DON JUAN, montrant Masetto.

Leporello, surveille !...

LEPORELLO.

Ce nigaud?... à merveille.

DON JUAN, valsant avec Zerline.

Es-tu blanche et vermeille!
Oh! que ton souffle est doux!

LEPORELLO, à Masetto.

Allons, vite en cadence!
Faisons comme ils font tous.

MASETTO.

Je n'aime pas la danse.

LEPORELLO.

Tu danseras ; commence.

MASETTO.

Non!

LEPORELLO.

Si! vite en cadence!

MASETTO.

Non! j'abhorre la danse.

LEPORELLO.

Tu l'aimeras, avance
Et saute avec les fous.

ANNA.

Je ne puis me contraindre.

DON OTTAVIO, ELVIRE.

Par pitié, calmez-vous.

DON JUAN, entraînant Zerline vers le cabinet.

Oh! viens! que peux-tu craindre?..

MASETTO, à Leporello.

Lâchez, c'est assez feindre.

DON JUAN, toujours en valsant, précipite Zerline dans le cabinet.

Viens!

ZERLINE.

Ciel! à qui me plaindre?

LEPORELLO, suivant son maître.

Voici l'instant à craindre.

LES TROIS MASQUES.

Au but il croit atteindre,
C'est le piége mortel.

A partir de ce moment, les trois dominos ont circulé dans tous les groupes en les animant contre don Juan, dont ils ont l'air de raconter les crimes, et en les apitoyant sur Zerline, de manière que lorsqu'elle sort effarée du cabinet, tout le bal, masques, cavaliers, villageois, se tournent contre don Juan, en le menaçant du geste ou des armes qu'ils ont à la main. Rien n'épouvante don Juan. Il est seul d'un côté avec Leporello, et jusqu'à la fin il tient la foule en respect avec son épée.

ZERLINE, en dehors.

Au secours! à l'aide! au crime!

TOUS.

Ah! secourons la victime!

MASETTO.

Ah! Zerline!

ZERLINE, en dehors.

Au secours!

DON OTTAVIO, ANNA.

Ciel!
C'est là, c'est là! qu'on s'y porte!

ZERLINE.

Monstre!

TOUS.

Il faut briser la porte.

ZERLINE, rentre, pâle, échevelée; Masetto la saisit et l'entraîne au loin.

Secourez-moi! je suis morte!

DON JUAN ramène Leporello en le menaçant de son épée.

C'est donc toi qui de la sorte,
Par un jeu lâche et cruel...
Meurs!

LEPORELLO, à genoux.

Y pensez-vous? grâce!

DON JUAN.

Meurs!

LEPORELLO.

Que dites-vous? grâce!

DON OTTAVIO, à don Juan.

Mais toi, n'attends pas de grâce.

LES TROIS MASQUES.

Le scélérat! quelle audace!
Il croit cacher son forfait.

DON JUAN, voyant Elvire qui se démasque, ainsi qu'Anna et don Ottavio.

Don' Elvire!

ELVIRE.

Et le tonnerre!

DON JUAN.

Don Ottavio!

DON OTTAVIO, tirant son épée.

Non, la guerre!

DON JUAN.

Don' Anna!

ANNA.

Rends-moi mon père

LES TROIS MASQUES.

L'homicide! l'adultère!
Nous savons tout en effet.

TOUS.

Tremble, monstre, tout s'expie!
L'œil de Dieu toujours épie!
Tes noirceurs, ton meurtre impie,
Au grand jour apparaîtront.

DON JUAN, LEPORELLO, à part.

Je sens se troubler ma tête,
Quel est le sort qui s'apprête.
Une effroyable tempête
S'amasse autour de mon front.

TOUS.

Au sort il faut te résoudre.
Non, rien ne peut plus t'absoudre.
Entends-tu gronder la foudre?
Elle annonce ton trépas.

ENSEMBLE.

DON JUAN.

Eh bien! si la foudre gronde,
Qu'un blasphème lui réponde!

Tombe et s'écroule le monde !
Don Juan ne tremblera pas.

TOUS.

Tremble, car la foudre gronde,
Elle annonce ton trépas.

DON JUAN.

Tombe et s'écroule le monde,
Don Juan ne tremblera pas!

Don Juan se fait jour l'épée à la main et s'échappe à travers la foule, après avoir croisé le fer avec don Ottavio — Tout le bal se sépare.

ACTE TROISIÈME

Une rue de Burgos. — A gauche, la maison d'Elvire avec un balcon. — La nuit tombe peu à peu.

SCÈNE PREMIÈRE

DON JUAN, LEPORELLO.

DUO.

DON JUAN.

Cesse de rire,
Mauvais plaisant.

LEPORELLO.

Je me retire
Dès à présent.

DON JUAN.

Ce trait m'afflige.

LEPORELLO.

Je pars, vous dis-je.

DON JUAN.

Que t'ai-je fait?
Et qui t'oblige...

LEPORELLO.

Rien, en effet.
Il se corrige...
En m'assommant!

DON JUAN.

Ah! quel vertige!

LEPORELLO.

Quel agrément!

DON JUAN.

C'était pour rire...
Tu le sais bien.

LEPORELLO.

C'est bon à dire,
Adieu, plus rien.

ENSEMBLE.

DON JUAN.

Toi si fidèle,

LEPORELLO.

Moi si fidèle,

DON JUAN.

Si plein de zèle,

LEPORELLO.

Si plein de zèle,

DON JUAN.

Toi qui m'aimais,

LEPORELLO.

Qui vous aimais,

DON JUAN.

Reprends ta place.

LEPORELLO.

Je suis de glace.

DON JUAN.

Reviens, de grâce.

LEPORELLO.

Non, non, jamais.

RÉCITATIF.

DON JUAN.

Leporello!

LEPORELLO.

Non, non.

DON JUAN, lui jetant une bourse.

Faisons la paix. Tiens!

LEPORELLO.

Qu'est-ce?

DON JUAN.

Vingt piastres.

LEPORELLO.

Eh bien! donc, je vous pardonne encor :
Mais n'y revenez pas. Vous me couvririez d'or,
Comme une courtisane ou comme une princesse,
Plus de Leporello. Vous exposer sans cesse!

DON JUAN.

Tu vois comme j'en sors.

LEPORELLO.

En tuant d'un seul coup
Quinze ou vingt hommes ? — Mais il en reste beaucoup.
Vos ennemis...

DON JUAN.

Ils font les braves en cachette.

LEPORELLO.

Et la justice?

DON JUAN.

Je l'achète.

LEPORELLO.

Ah !... Et le diable?

DON JUAN.

Il pense à tout.
Si le diable existait, serais-tu là?

LEPORELLO.

Mon maître,
C'est qu'il est patient peut-être!

DON JUAN.

Parlons d'objets plus importants.

LEPORELLO.

Pourvu qu'on laisse là les femmes!

DON JUAN.

C'est bien triste!
Sot, à quoi veux-tu donc que l'on passe le temps!
— Elvire vient de prendre une autre camériste,
A ce balcon je l'ai vue hier au soir :
Mains blanches, taille fine, œil noir,
Une franche Espagnole;
Je l'aime, j'en raffole,

Montrant une mandoline sous son manteau.

Et j'allais... mais de peur de contre-temps subits,
Je veux être prudent, comme tu le conseilles.

LEPORELLO.

A la bonne heure !

DON JUAN.

Or çà, maraud, changeons d'habits.

LEPORELLO.

Excellence, c'est que... le bâton... mes oreilles...
Les alguazils...

DON JUAN, prenant le manteau de Leporello et son chapeau.

Eh bien! pour ton maître et seigneur
Tu seras assommé.

LEPORELLO.

Merci de tant d'honneur!

Tandis qu'ils changent de manteau, Elvire paraît au balcon sans les voir et sans en être aperçue.

SCÈNE II

DON JUAN, LEPORELLO, ELVIRE, au balcon.

TRIO.

ELVIRE.

Nuit fraîche, nuit sereine,
Ton amoureuse haleine
Ne charme plus la peine
D'un cœur qui fut le sien!

LEPORELLO.

Cette voix qui soupire,
Seigneur, c'est don' Elvire.

DON JUAN.

Il faut que je m'en tire...
Reste-là, ne dis rien.
— Elvire! ô toi, ma belle!...

ELVIRE.

C'est l'ingrat qui m'appelle?

DON JUAN.

Oui, je reviens fidèle,
J'implore ta pitié.

ELVIRE.

Juste ciel! sa parole
Me trouble et me console.

LEPORELLO, à part.

Voyez déjà la folle
Qui le croit à moitié!

DON JUAN.

Descends, mon bien suprême,
C'est toi seule que j'aime,
Je ne suis plus le même,
Je suis tout repentant.

ELVIRE.

Non. — Vous m'avez trompée...

DON JUAN.

Descends, ou cette épée...

LEPORELLO, à part.

Oh! comme elle est dupée!

DON JUAN.

Mon âme, je t'attend.

ELVIRE.

Grand Dieu! tout m'embarrasse;
Que faut-il que je fasse?
N'abusez pas, de grâce,
De ma crédulité.

DON JUAN.

Elle se prend au piége;
Son erreur me protége,
Et peut-être en aurai-je,
Ce soir, bien profité!

LEPORELLO.

Mais quelle infâme ruse!
Voilà comme il s'amuse!
Imprudente, il abuse
De ta crédulité!

ENSEMBLE.

ELVIRE.

Serai-je encor séduite?
Ah! quel trouble m'agite!
Oui, je me rends trop vite.
Amour, protége-moi!

Elvire quitte le balcon.

DON JUAN et LEPORELLO.

Elle est déjà séduite.
Ah! quel trouble l'agite!
Elle se rend bien vite;
Fol amour! gloire à toi!

RÉCITATIF.

DON JUAN.

Ça, lorsque Elvire va descendre,
Pour lui baiser la main, prends ma voix, fais le tendre,
Et surtout conduis-la, sans tarder, autre part.

Montrant la fenêtre de la caméristc.

Et moi...

LEPORELLO.

Mais, si j'étais reconnu, par hasard?

DON JUAN.

Fat, comment veux-tu qu'on découvre
Une âme de poltron sous ce noble pourpoint?

LEPORELLO.

Je dis...

DON JUAN.

De la prudence. Elle ouvre!

ELVIRE, sortant de sa maison en mantille.

Me voici.

DON JUAN, se retirant à l'écart.

Bien. Voyons s'il ne me trahit point.

LEPORELLO, à part, avec le manteau de don Juan.

Quel embarras!

ELVIRE, à Leporello.

Je puis donc croire
Que mes pleurs vous ont attendri?
Mon cher don Juan me rend son amour et ma gloire.

LEPORELLO, imitant la voix de don Juan.

Oui, mon ange!

ELVIRE.

Cruel mari!
Quels maux vous avez faits à votre pauvre femme.

LEPORELLO.

Moi, mon amie?

ELVIRE.

Oui, toi.

LEPORELLO.

Chère âme!
Ce remords poursuivra mes jours.

ELVIRE.

Est-ce que tu voudras m'abandonner encore?

LEPORELLO.

Non, non, mignonne!

ELVIRE.

A moi, toujours!

LEPORELLO.

Toujours!

ELVIRE.

Je t'aime!

LEPORELLO.

Je t'adore.

A part.

Mais c'est charmant!

ELVIRE, soupirant.

Ah!

LEPORELLO.

Ah!

DON JUAN.

Ah! le drôle y prend goût.

ELVIRE.

Et vous ne serez plus perfide?

LEPORELLO.

Plus du tout.

ELVIRE.

Jurez-le moi.

LEPORELLO, l'embrassant.

Je te le jure.
Par ces mains, par ces yeux, par...

DON JUAN, courant sur eux.

Hé, hi, ha, hi, mort!

ELVIRE et LEPORELLO, se sauvant par la gauche.

Oh! ciel!

SCÈNE III

DON JUAN, riant.

Hé! hi, ha, hi! — L'excellente aventure!
— Vite à la camériste; une chanson d'abord.

Il se place sous la fenêtre de la caméristo, et chante en s'accompagnant de la mandoline.

CHANSON.

Je suis sous ta fenêtre,
Ah! daigne enfin paraître,
Belle qui m'as séduit!
Tes yeux sont deux étoiles
Dont l'éclat m'a conduit;
Soulève enfin tes voiles,
Ou je meurs dans la nuit.

Bannis, bannis la crainte;
J'ai su par une feinte

Éloigner les jaloux.
Descends, l'amour t'appelle,
Ce dieu veille sur nous!
Peut-on être cruelle
Avec des yeux si doux!

SCÈNE IV

DON JUAN, MASETTO.

Paysans armés de mousquets et de bâtons. — Ils entrent en silence, à petits pas. — Nuit.

RÉCITATIF.

DON JUAN.

St—St— Un rideau s'ouvre. — Ah! c'est elle, sans doute.
St...

Une femme paraît à la fenêtre.

MASETTO.

Amis, patience, on m'a bien dit sa route!
Nous l'aurons.

DON JUAN, bas.

Mais, j'entends parler.

MASETTO.

Voilà quelqu'un?
Chut!

DON JUAN, bas.

Masetto, je crois. — Au diable l'importun!

MASETTO, criant.

Qui va là? — L'on se tait. — En joue!

DON JUAN.

A part. Haut, imitant la voix de Leporello.

Il n'est pas seul, restons déguisé. — Mes amis...
Masetto!

MASETTO.

Certe, et toi?

DON JUAN.

Leporello, j'avoue...

MASETTO, le menaçant.

Le valet de ce monstre, à qui...

DON JUAN.

Don Juan m'a mis
A la porte par la fenêtre,
Car je ne pouvais plus servir un pareil maître,
Un damné!

MASETTO.

Bien. — Où donc trouverons-nous ce traître?
Nous le cherchons pour l'assommer.

DON JUAN.

Pour?... Bon cela! j'en suis. — Je peux vous affirmer
Qu'il n'est pas loin d'ici. — Fais aller ton escorte
Moitié par là, moitié par là. De cette sorte
Il ne pourra vous échapper. —
Si vous trouvez quelqu'un en manteau de toilette,
Vous n'avez qu'à frapper!

A Masetto.

Frappez ferme; c'est lui. Partez donc. — Toi, demeure
Un instant.

Les paysans sortent par la droite et la gauche.

MASETTO.

Pourquoi?

DON JUAN.

Tu verras. —
Tu disais donc qu'il faut le tuer?

MASETTO.

Oui, sur l'heure.

DON JUAN.

Ne suffirait-il point de lui casser les bras?

MASETTO.

Non, non, je veux le mettre en morceaux, et qu'il meure.

DON JUAN.

Es-tu bien armé, toi?

MASETTO.

Mais, j'ai ce mousqueton.

Montrant son bâton.

Et puis... voyez!

DON JUAN.

Après?

MASETTO.

N'est-ce pas fort honnête?

DON JUAN.

Le battant.

Fort honnête! — Prends-donc ceci pour le bâton;
Ceci pour le mousquet.

MASETTO, criant.

Ah! la tête! la tête!

DON JUAN, frappant plus fort.

Silence, ou... tiens, ceci pour le tuer; ceci
Pour le mettre en morceaux. — Tiens, vilain, c'est ainsi
Qu'il faudra qu'on l'assomme.

Il sort.

SCÈNE V

MASETTO, ensuite ZERLINE.

MASETTO, criant.

Ah! je suis mort! le maudit homme!
Ah! ah!

ZERLINE, accourant.

C'est Masetto que j'entends par ici?

MASETTO.

Zerline, ah! ma chère Zerline!
Ah!

ZERLINE.

Qu'est-ce?

MASETTO.

Il m'a brisé le dos et la poitrine!

ZERLINE.

Qui donc!

MASETTO.

Leporello, ma pauvre femme, ou bien
Quelque démon qui lui ressemble.

ZERLINE.

Où te sens-tu mal?

MASETTO.

Là, là, là, là.

ZERLINE.

Ce n'est rien.
Rentrons tous les deux. Il me semble

Que je te guérirai mieux qu'un médecin... mais
Jure de n'être plus jaloux.

MASETTO.

Je te le promets.

ZERLINE.

AIR.

Viens, je possède
Un doux remède;
Quel mal ne cède
A son pouvoir?
C'est un mystère
Que je dois taire;
Toi seul, sur terre,
Peux le savoir.
Qu'on te l'apprenne,
Bientôt ta peine,
J'en suis certaine,
Se guérira.
Qui peut combattre
Ce baume-là?
Sens mon cœur battre,
Le charme est là.

Ils sortent en se tenant embrassés.

SCÈNE VI

Enclos fermé par un mur croulant, avec une porte qui tient à peine. Des décombres, quelques ruines. Nuit sombre.

LEPORELLO, ELVIRE

RÉCITATIF.

LEPORELLO, toujours avec le manteau de don Juan.

Venez, entrez une seconde,
Ma chère amie, et taisons-nous.
J'ai vu bien des flambeaux là-bas.

ELVIRE.

Mon cher époux!
Que peux-tu craindre?

LEPORELLO.

Oh! rien au monde!
C'est qu'on nous suit. Je vais voir...

ELVIRE.

Quelle nuit profonde

LEPORELLO, cherchant la porte par laquelle il est entré.

A part. A Elvire.

Comment me dépêtrer?... Je vole à tes genoux.

ELVIRE.

Seule, seule en cette enceinte,
Je me sens glacer de crainte,
Toute ma force est éteinte,
Et je suis prête à mourir.

LEPORELLO, cherche en suivant le mur du fond.

Comment regagner mon gîte,
Sans cette porte maudite?
Piano, cherchons vite, vite;
C'est le moment de s'enfuir.

Entrent don Ottavio et Anna. Leporello cherche toujours.

SCÈNE VII

ELVIRE, DON OTTAVIO, ANNA, LEPORELLO.

DON OTTAVIO, à Anna.

Sèche tes pleurs, ma chère âme,
On a vu passer l'infâme.
Courage! au nom de ma flamme
Et d'un père, ici, martyr.

ANNA.

Laisse ma douleur s'épandre,
Je ne dois plus rien entendre;
Quel bonheur pourrais-je attendre?
La mort est mon seul désir.

ENSEMBLE.

ELVIRE, cherchant.

Où donc mon époux fidèle?

LEPORELLO.

Ah! je suis perdu, c'est-elle!
Bon, voici la porte. — Appelle!
Vite, vite, il faut partir.

ELVIRE.

N'est-ce pas lui qui m'appelle?
Vite, vite, il faut partir.

Leporello, qui reprend le mur, trouve la porte cette fois. Masetto, Zerline, une troupe de paysans, portant des flambeaux, s'y présentent et lui barrent le passage.

SCÈNE VIII

DON OTTAVIO, ANNA, ZERLINE, LEPORELLO, MASETTO, ELVIRE, PAYSANS. — Demi-jour.

MASETTO, ZERLINE.

Arrête, arrête, pas de fuite.

DON OTTAVIO, ANNA.

C'est don Juan, qu'il soit châtié.

TOUS.

Meure un traître qui m'a / l'a séduite!

ELVIRE.

Je suis sa femme, hélas! pitié!

TOUS.

C'est Elvire! qui donc l'amène?
Mais toi, ne crois pas fuir ta peine,
La peine due aux scélérats;
Non, point de pitié, tu mourras!

Masetto frappe Leporello et le fait tomber à genoux.

LEPORELLO, à genoux.

Seigneur, excuse...
Sur ma personne ici chacun s'abuse,
Voyez, voyez,
Je ne suis pas celui que vous croyez.
Mais comme un agneau je me livre;
Laissez-moi vivre,
Par charité!

Il ôte son chapeau pour montrer son visage.

TOUS.

Leporello! quelle imposture!
Qui, d'aventure,
S'en fût douté?

Leporello se relève.

TOUS.

N'importe, il mourra pour son maître!

LEPORELLO.

Non, non, cela ne peut pas être...
Oh! laissez-moi, par charité!

ENSEMBLE.

LEPORELLO, à part.

Un orage en moi fermente,
Le péril sans cesse augmente;
Si j'échappe à la tourmente,
C'est miracle en vérité!

TOUS.

Un orage en moi fermente,
L'embarras sans cesse augmente,
Et de ce jour de tourmente
Don Juan seul a profité!

Leporello se sauve en courant : les paysans sont à sa poursuite.

ACTE QUATRIÈME

La chambre de dona Anna. — Au fond, une croisée ouverte, avec le rideau rouge qu'on a vu au premier acte. — A droite, le portrait du commandeur. A gauche, sur le devant, une table et deux flambeaux dessus. Anna, pâle et abattue, est assise, la tête appuyée sur son bras.

SCÈNE PREMIÈRE

ANNA, seule.

RÉCITATIF.

Ton heure encor n'est pas sonnée,
Don Juan! — C'était folie à moi
Que de vouloir lutter contre ta destinée...
Maintenant, si tu veux, mon père, venge-toi.
Oui, la force manque à ma haine;
Ma vie est épuisée et le mal est vainqueur ;
Mais du moins je souris à cette mort prochaine
Qui seule peut briser la chaîne
D'un froid hymen où je n'ai pas mon cœur.
O mon père! pardonne à ta fille insensée
Une flamme sans nom qui lui vient de l'enfer,
Dans le fond de son cœur bien long-temps repoussée,
Et que, dans la tombe glacée,
Elle emporte aujourd'hui pour mieux en triompher

AIR.

Tu m'attends ; je vais te suivre,
Ombre sainte, dans ton séjour;
Par la tombe je me délivre
D'un fatal et triste amour.
Avec moi, que sous la terre
Soit caché tout ce mystère,
Ce fatal et triste amour.

Ah! pour ma douleur profonde,
Pour les maux que j'ai soufferts,
Peut-être au sortir du monde
Les cieux me seront ouverts.

Tu m'attends; je vais te suivre,
Ombre sainte, dans ton séjour!
Par la tombe je me délivre
D'un fatal et triste amour.
Avec moi, que sous la terre
Soit caché tout ce mystère,
Ce fatal et triste amour.

Don Ottavio entre sur les dernières mesures de l'air d'Anna.

SCÈNE II

DON OTTAVIO, ANNA.

RÉCITATIF.

DON OTTAVIO, courant vers Anna.

Ma chère Anna, quelle est cette pâleur mortelle?
Pourquoi trembler ainsi?

ANNA.

C'est que tout me révèle
Le fantôme de l'avenir.

DON OTTAVIO.

La douleur n'est pas éternelle,
La tienne doit céder quand nos mains vont s'unir.

ANNA.

Non, non, don Ottavio, respectez ma pensée;
Voulez-vous attacher la couronne de fleurs,
La couronne de fiancée,
Sur le front d'une fille en pleurs?

DON OTTAVIO.

AIR.

O mon trésor suprême,
Fais trêve à tes douleurs;
De tes beaux yeux que j'aime
Essuie enfin les pleurs.
Si la justice humaine
Ne peut rien sur ta peine,
La foudre souveraine
Vengera tes malheurs.

O mon trésor, etc.

RÉCITATIF.

DON OTTAVIO.

Si j'ai ton cœur, pourquoi me retirer ta main?

ANNA, très-exaltée.

Le jour était brûlant, la nuit est calme et sombre,
J'ai besoin de repos, d'un long repos dans l'ombre!

DON OTTAVIO.

Dieu te rende la paix!... Mais, à demain!

ANNA.

Demain!!!

Elle sort le regard fixe et avec un sourire funeste. Ottavio sort du côté opposé.

SCÈNE III

L'enclos du commandeur. Clair de lune pur et serein. Enceinte circulaire de tombes en ogives. Saules, cyprès, arbres de sépulture. Au milieu, un monument neuf surmonté de la statue du commandeur.

DON JUAN, ensuite LEPORELLO.

RÉCITATIF.

DON JUAN, franchissant quelques tombes.

Ah, ah, ah! laissons-la chercher. — La belle nuit!
Le beau temps, pour courir après les jeunes filles!
Oh! que la lune est douce à travers ces charmilles!

Une horloge sonne au loin.

Neuf heures! Bon. Eh mais! comment s'est-il conduit
Avec Elvire, ce maroufle
De Leporello?...

LEPORELLO, en dehors.

Ha!... je n'ai plus que le souffle.

DON JUAN.

(Appelant.)

C'est lui! Leporello!

LEPORELLO, franchissant le mur.

Qui m'appelle?

DON JUAN.

Eh, vraiment,
Moi. Ne connais-tu pas ton maître?

LEPORELLO.

Je voudrais ne pas le connaître.

DON JUAN.

Quoi, faquin!

LEPORELLO.

Grâce à vous, j'ai fort peu d'agrément.
Ils m'ont presque écrasé. Bref. vous et moi, nous sommes
Par la Sainte-Hermandad poursuivis de près. Or...

DON JUAN.

Assez, je ne crains rien ni de Dieu ni des hommes.

LEPORELLO, regardant autour de lui.

Mais, par où diable?

DON JUAN, avec un empressement mystérieux.

Écoute...

LEPORELLO.

Ah! quelque femme encor!

DON JUAN.

Et quoi donc? — Je rencontre en une rue obscure
Une belle ayant l'air... J'approche... un vrai trésor,
Une divinité de taille et de figure!
Je l'accoste, elle veut s'enfuir, je la retien
Avec quelque douce parole.
Elle me prend... pour qui? voyons!

LEPORELLO.

Je n'en sais rien.

DON JUAN.

Eh! pour Leporello!

LEPORELLO.

Pour moi!

DON JUAN.

Pour toi.

LEPORELLO.

Fort bien.

DON JUAN.

Oh! dès lors nous changeons de rôle,
C'est elle qui m'arrête et m'embrasse!

LEPORELLO.

Très-drôle!

DON JUAN.

Et puis, de sa petite voix,
Avec de gentilles caresses :
« Mon cher Leporello, mon doux ami ! » — Je vois
Que c'est une de tes maîtresses.

LEPORELLO, stupéfait.

Ah! ah !

Pendant ce dialogue, don Juan a jeté à Leporello son manteau et son chapeau, et ils ont repris chacun leur costume.

DON JUAN.

Je profitais comme il faut de l'erreur.
Elle me reconnaît, pousse un cri de terreur.
J'entends du monde, je m'évade,
Je traverse la ville à grands pas, j'escalade
Ce petit mur, et je me trouve ici.

LEPORELLO.

Mais, vous me dites tout ceci
D'un sang-froid !...

DON JUAN.

Pourquoi pas?

LEPORELLO.

Si c'eût été ma femme !

DON JUAN, riant très-fort.

Ah, ah, ah ! c'eût été trop joli, par ma foi !

LA STATUE.

Tu cesseras de rire avant l'aurore.

DON JUAN.

Hein ?

LEPORELLO.

Quoi ?

DON JUAN.

Qui parle?

LEPORELLO.

Ah ! c'est peut-être l'âme
D'un mort qui vous connaît.

DON JUAN.

Tais-toi, sot. — Qui va là ?

LA STATUE.

Sacrilége, des morts ne trouble pas la cendre...

LEPORELLO.

Eh bien! vous venez de l'entendre!

DON JUAN, parcourant le théâtre.

Quelque passant qui raille. — Oh, oh! qu'est-ce? — Voilà
Notre vieux commandeur. — Ah! la bonne fortune!
Avec son grand manteau, casque au front, sceptre en main,
Parbleu, le voilà bien en empereur romain! —
Lis-moi cette épitaphe.

LEPORELLO, effrayé.

Aux rayons de la lune
On ne m'a point appris à lire, pardonnez.

DON JUAN.

Veux-tu lire?

LEPORELLO, lisant de loin.

« J'attends ici que l'on me venge
» De mon lâche assassin. » — Seigneur, vous comprenez,
Je tremble!

DON JUAN.

Oh! le vieillard étrange! —
Dis-lui que je l'invite à souper pour ce soir.

LEPORELLO.

Il n'a pas d'appétit.

DON JUAN, le menaçant.

Demande-lui, te dis-je?

LEPORELLO, s'approchant du tombeau, puis reculant avec horreur.

Quel convive! un défunt de marbre!... Oh! venez voir!
Par saint Jean de Burgos! cela tient du prodige.
Quels terribles éclairs s'allument dans son œil!
Voyez-le remuer ses mâchoires de pierre,
Comme pour nous parler! — Ah! si le froid cercueil
Allait le rejeter, vivant, à la lumière,
Avec sa plaie ouverte et son pâle suaire!
Et de votre palais s'il franchissait le seuil!

DON JUAN, tirant son épée.

Obéis-moi. Spectre ou statue,
Va l'inviter, ou je te tue.

LEPORELLO.

Doucement, monseigneur, j'y vais. — Tournons l'écueil

Il va vers la statue en louvoyant, en se courbant, et dit d'un air humble et doucereux.

DUO.

O statue admirable!
Commandeur adorable!...

Revenant.

O ciel! l'effroi m'accable,
Et je vais étouffer.

DON JUAN.

Achève, misérable!
Ou redoute ce fer.

ENSEMBLE.

LEPORELLO, à part.

Quelle chose il m'ordonne!
Mon sang se gèle au cœur.

DON JUAN.

L'aventure est bouffonne,
Il va mourir de peur.

LEPORELLO, retournant à la statue.

Commandeur débonnaire,
Bien que tu sois de pierre...

Reculant.

Il lève sa paupière,
Voyez! horreur! horreur!

DON JUAN.

Lâche!

LEPORELLO.

A la statue.

Attendez. — Seigneur,
Mon maître vous convie...
(Non pas moi, je vous prie.)
A souper avec lui...

A part.

Ciel! il baisse la tête!

DON JUAN, sans regarder.

C'est toi qui perds la tête.
As-tu bientôt fini?

LEPORELLO, il vient à don Juan.

Voyez, je vous répète...

DON JUAN, sans regarder.

Eh! qu'ai-je à voir ici?

LEPORELLO, imitant le geste affirmatif de la statue.

Avec sa tête de pierre
Il fait, il fait ainsi.

ENSEMBLE.

Avec sa tête de pierre
Il fait, il fait ainsi.

DON JUAN, s'avance vers la statue.

Mais parle donc aussi,
Je t'en fais la prière:
Viendras-tu souper?

LA STATUE.

Oui.

ENSEMBLE.

LEPORELLO, stupéfait.

Je me soutiens à peine,
Je suis tout hors d'haleine;
Quelle effroyable scène!
Partons sans différer.

DON JUAN, sérieux.

Oh! la bizarre scène!
Il accepte sans gêne.
Marche! — Avant qu'il ne vienne,
Allons tout préparer.

Ils sortent : Don Juan rêveur, Leporello épouvanté.

ACTE CINQUIÈME

Une partie de la salle à manger du palais de don Juan. — Deux grands dressoirs couverts de vaisselle d'or. Les danseuses accompagnent avec des pas gracieux et des poses voluptueuses le service splendide du souper. Des domestiques nombreux et richement vêtus circulent. La table de don Juan, à un seul couvert, est apportée sur le devant de la scène à droite. Les musiciens se tiennent derrière et debout.

SCÈNE PREMIÈRE

DON JUAN, LEPORELLO.

DON JUAN.

Bien, la table est déjà prête ;
Vous, mettez en train la fête,
Pour tout l'or que ma main jette
Je prétends me divertir.
— Leporello, marche en tête !

LEPORELLO.

Me voici pour vous servir

DON JUAN.

Que dis-tu de la musique ?

LEPORELLO.

Digne de vous, magnifique,
Une harmonie à ravir.

DON JUAN, mangeant.

Ah! quel mets suave et rare !

LEPORELLO.

Ah ! quel appétit barbare!
Et de tout comme il s'empare !
Il dévore, il engloutit!

DON JUAN.

Il attend qu'un plat s'égare :
Excitons son appétit;
Son tourment me divertit,
Une assiette !

LEPORELLO, le servant.

Oui.

DON JUAN.

Malvoisie,
Eh bien?

LEPORELLO, cachant derrière lui un verre plein, et faisant semblant d'écouter la musique pendant qu'il sert son maître.

Ah! *cosa rara.*

DON JUAN.

Verse encor ; quelle ambroisie!

LEPORELLO, prenant un plat en cachette

Cette caille bien choisie,
Piano, piano, mangeons-la.

DON JUAN, à part.

L'affamé se rassasie.
Ne voyons rien de cela.

LEPORELLO, entraîné par la musique.

Pour cet air j'en ai mémoire...
Du *Figaro* de Mozart!

DON JUAN, appelant.

Leporello!

LEPORELLO, embarrassé, la bouche pleine.

Quelle histoire!

DON JUAN, s'amusant à le tourmenter.

Dis-moi des chansons à boire.

LEPORELLO.

Une enflure à la mâchoire
M'en empêche... Mais, plus tard...

DON JUAN.

Eh bien! siffle quand je dîne.

LEPORELLO.

Je ne puis.

DON JUAN.

Bon, je devine.

ENSEMBLE.

LEPORELLO.

Ah! seigneur, votre cuisine
Est toujours, toujours si fine,
Qu'aux festins de la table divine,
Je croyais moi-même goûter.

DON JUAN.

Il paraît que ma cuisine
A pour lui si bonne mine,
Qu'il se croit à la table divine,
Et monsieur s'est laissé tenter !

Le souper continue. Don Juan fait asseoir trois femmes à sa table.

SCÈNE II

LES MÊMES, ELVIRE, en voile blanc; elle est grave et triste et va droit à don Juan, à travers les femmes qui l'entourent.

ELVIRE.

Je viens encore
Dans ta Gomorre,
Et je t'implore,
Mais c'est pour toi.
Ame félonne,
Je te pardonne,
Car l'heure sonne...
Ecoute-moi !

DON JUAN.

Qu'est-ce donc? Quoi?

ELVIRE, se mettant aux genoux de don Juan.

Je ne réclame
Point de votre âme
La sainte flamme
Que vous juriez...

DON JUAN, d'un air moqueur.

Que vois-je?... En grâce,
Que je t'embrasse!
Debout! ma place
Est à tes pieds.

ELVIRE.

Ah! peux-tu rire
De mon martyre?

DON JUAN.

Moi, dis-tu, rire?
Je n'en fais rien

LEPORELLO.

Mais, c'est étrange,
Je pleure et mange!

DON JUAN.

Tu veux, mon ange?...

ELVIRE.

Que ton cœur change.

DON JUAN, se moquant toujours.

Brava! fort bien!

ELVIRE.

O sacrilége!

DON JUAN, lui présentant un verre.

Vous offrirai-je
De prendre un siége
Auprès du mien?

ENSEMBLE.

ELVIRE, indignée.

Va, le ciel gronde;
Suis dans ce monde
Le cours immonde
De tes forfaits.

LEPORELLO.

Que Dieu nous aide!
S'il ne lui cède,
Plus de remède,
Sourd à jamais!

DON JUAN, se levant, une coupe à la main.

Aux Castillanes!
A mes sultanes,
Aux nuits profanes
De mon palais!

Elvire va pour sortir; mais apercevant la statue par la porte grillée du côté gauche, elle rentre en poussant un cri et se sauve par la droite en traversant la scène.

ELVIRE

Ah!

DON JUAN.

Quel cri s'est fait entendre ?

A Leporello.

Cours et reviens me l'apprendre.

LEPORELLO, à la porte, criant.

Ah!

DON JUAN.

Quelle infernale esclandre!
Saurai-je la vérité?

LEPORELLO revient effaré.

Ah! seigneur, par charité,
N'allez pas de ce côté.
L'homme de marbre qui passe!...
L'homme blanc!... mon corps se glace;
Si vous voyiez cette face!...
Ecoutez ce qu'il fait là :
Ta, ta, ta, ta.

Il marche comme la statue.

DON JUAN.

Quelle est donc cette grimace?

LEPORELLO.

Ta, ta, ta, ta.

DON JUAN.

Dans quel accès te voilà!

On entend frapper plus fort.

LEPORELLO.

Ah! maître!

DON JUAN.

On frappe à la porte,
Ouvre.

LEPORELLO.

Je tremble.

DON JUAN.

Qu'importe?
Ouvre, dis-je.

LEPORELLO.

Et s'il m'emporte?

DON JUAN.

Qui frappe donc de la sorte?
Moi-même, je vais ouvrir.

LEPORELLO, se cachant.

Pourvu que sa face morte
N'aille pas me découvrir !

Don Juan prend son épée sur le sofa, saisit un flambeau à deux bougies et sort par la porte de gauche. Quand il rentre, il a jeté son épée ; ses traits sont décomposés ; il précède la statue en l'éclairant. Danseuses, musiciens, serviteurs, tombent la face contre terre ; les lumières s'éteignent. Un épais brouillard descend et voile tout le fond du théâtre, où sont tombés les assistants. Don Juan, la statue, Leporello, restent seuls visibles au milieu de ce brouillard fantastique.

SCÈNE III

DON JUAN, LA STATUE, LEPORELLO.

LA STATUE.

Oui, don Juan, c'est ton convive,
C'est ton hôte qui t'arrive !

DON JUAN, laissant tomber le flambeau.

Certes, ma joie en est vive,
Mais je ne t'attendais pas.
— Leporello, qu'on s'empresse...
Qu'un autre festin se dresse.

LEPORELLO, blotti derrière un fauteuil.

Ah ! seigneur, quel soin vous presse ?

LA STATUE, à don Juan qui allait ordonner lui-même.

Non, plus un pas, plus un pas.
Qui partage la manne éternelle,
Va, dédaigne la chère mortelle,
C'est un grave intérêt qui m'appelle :
Prends garde à toi, prends garde à toi !

LEPORELLO, à part.

J'ai la fièvre, mon sang se fige,
Ah ! pour le coup, c'est fait de moi.

DON JUAN.

Eh bien ! parle, parle, te dis-je.

LA STATUE.

Écoute, car j'ai peu de temps.

DON JUAN.

Oui, parle ; immobile j'attends.

LA STATUE.

Dans ma tombe à souper je t'engage, mon hôte;
Cette nuit, dans ma tombe!... y viendras-tu sans faute?

LEPORELLO, *sous la table.*

Il ne peut pas.

DON JUAN.

Tais-toi, pour l'honneur de mon nom.

LA STATUE.

Décide.

DON JUAN.

C'en est fait.

LA STATUE.

T'aurai-je?

LEPORELLO, *toujours sous la table.*

Dites non.

DON JUAN.

Qu'importe qui m'engage?
Sans peur j'irai : c'est dit.

LA STATUE.

Donne ta main pour gage.

DON JUAN.

Criant de douleur.

La voilà. — Ho! maudit!

LA STATUE

Qu'est-ce?

DON JUAN.

Ta main me broie et me glace... anathème!

LA STATUE.

Repens-toi! nul blasphème!
C'est ton heure suprême.

DON JUAN.

Non, non! crime! anathème!
Pas un remords... va-t'en!

LA STATUE.

Repens-toi, vil atome.

DON JUAN.

Non, lâche-moi, fantôme.

LA STATUE.

Repens-toi.

DON JUAN.

Non!

LA STATUE.

Si!

DON JUAN, avec rage.

Non!

LA STATUE, le lâchant.

Eh bien donc, à Satan!

Des feux infernaux sortent de toutes parts.

SCÈNE IV

DON JUAN, LEPORELLO, LA STATUE, CHŒUR DE DAMNÉS, *dans l'éloignement.*

DON JUAN.

Quelle terreur pénètre
Jusqu'au fond de mon être!
O ciel! d'où peuvent naître
Tous ces feux déchaînés!

CHŒUR DE DAMNÉS.

C'est trop peu pour tes crimes;
Viens, dans les noirs abîmes,
Rejoindre les damnés.

ENSEMBLE.

DON JUAN.

Ah! quelle odeur de soufre!
Quel effroyable gouffre!
Quelle angoisse je souffre!
Quels vautours acharnés!

LEPORELLO.

O vengeance céleste!
L'enfer se manifeste,
Dans ses yeux, dans son geste;
Ah! quels cris forcenés!

CHŒUR DE DAMNÉS.

C'est trop peu pour tes crimes,
Viens, dans les noirs abîmes,
Rejoindre les damnés.

DON JUAN.

Quels vautours archarnés!

LEPORELLO.

Ah! quels cris forcenés!

CHOEUR DE DAMNÉS.

Viens joindre les damnés.

Leporello s'éloigne.

La statue pousse don Juan qui recule pas à pas, et tombe, frappé de la foudre.

FIN

www.ingramcontent.com/pod-product-compliance
Lightning Source LLC
LaVergne TN
LVHW010620110826
845149LV00003B/996

* 9 7 8 2 0 1 9 1 8 8 3 4 4 *